사이언스 리더스

아마존의 신기한 동물들

로즈 데이비드슨 지음 | 조은영 옮김

비룡소

로즈 데이비드슨 지음 | 아동 교양 콘텐츠의 작가이자 편집자, 연구자이다. 매거진 《내셔널지오그래픽 키즈》의 편집자로 일했다. 야생 동물의 흥미로운 행동, 기이한 과학 현상, 역사적 영웅 등 다양한 소재로 어린이책을 쓴다.

조은영 옮김 | 어려운 과학책은 쉽게, 쉬운 과학책은 재미있게 옮기려는 과학책 전문 번역가이다. 서울대학교 생물학과를 졸업하고, 같은 대학교 천연물대학원과 미국 조지아대학교에서 석사 학위를 받았다.

이 책은 마이애미 동물원 '아마존과 그 너머' 전시관의 동물 관리 및 연구 책임자인 마이클 몰든과 메릴랜드 대학교의 독서교육학 명예교수 마리엄 장 드레어가 감수하였습니다.

내셔널지오그래픽 키즈 사이언스 리더스
LEVEL 3 아마존의 신기한 동물들

1판 1쇄 찍음 2025년 10월 20일 1판 1쇄 펴냄 2025년 11월 14일
지은이 로즈 데이비드슨 옮긴이 조은영 펴낸이 박상희 편집장 전지선 편집 임현희 디자인 천지연
펴낸곳 (주)비룡소 출판등록 1994.3.17.(제16-849호) 주소 06027 서울시 강남구 도산대로1길 62 강남출판문화센터 4층
전화 02)515-2000 팩스 02)515-2007 홈페이지 www.bir.co.kr 제품명 어린이용 반양장 도서 제조자명 (주)비룡소
제조국명 대한민국 사용연령 3세 이상 ISBN 978-89-491-6956-9 74400 / ISBN 978-89-491-6900-2 74400 (세트)

NATIONAL GEOGRAPHIC KIDS READERS LEVEL 3
AMAZON ANIMALS by Rose Davidson
Copyright © 2023 National Geographic Partners, LLC.
Korean Edition Copyright © 2025 National Geographic Partners, LLC.
All rights reserved.
NATIONAL GEOGRAPHIC and Yellow Border Design are trademarks of
the National Geographic Society, used under license.
이 책의 한국어판 저작권은 National Geographic Partners, LLC.에 있으며, (주)비룡소에서 번역하여 출간하였습니다.
저작권법에 의해 한국 내에서 보호를 받는 저작물이므로 무단 전재와 무단 복제를 금합니다.

사진 저작권: Cover, David A. Northcott/GI; header, FourLeafLover/AS; 1, nicostock/SS; 3 (UP RT), Dirk Ercken/SS; 3 (LO LE), Oleksiy Mark/SS; 3 (LO RT), Fedor Selivanov/SS; 4-5, FG Trade/GI; 6 (LO), Robert Harding Picture Library/NGIC; 6 (UP), Rudzhan/AS; 7 (UP), Neil Ever Osborne/NGIC; 7 (LO), Jens/AS; 8 (UP), Nick Garbutt/NPL; 8 (LO), Felipe Cruz/GI; 9, rpbmedia/AS; 10, Martin Mecnarowski/AS; 11 (UP), Rebecca/AS; 11 (LO), Luke Massey/NPL; 12 (LO), barry b. doyle/GI; 12 (UP), AGAMI/AS; 13 (UP), swisshippo/AS; 13 (CTR), Glenn Bartley/All Canada Photos/AL; 13 (LO), phototrip/AL; 14, Suzi Eszterhas/MP; 14-15, Lukas/AS; 16, David Tipling/Universal Images Group/Education Images/GI; 17, Bernard Castelein/NPL; 17 (LO), Milan/AS; 18 (LO), Edwin Butter/AS; 18 (UP), johan10/GI; 19 (UP), Eric Isselee/AS; 19 (LO), Thomas Marent/MP; 20, Piotr Naskrecki/MP; 21, Nick Hawkins/NPL; 22 (LO), Phil Savoie/NPL; 22 (UP), Chris Mattison/AL; 23 (UP LE), Nathan Shepard/GI; 23 (UP RT), Edwin Giesbers/NPL; 23 (LO), Arthur/AS; 24, Peter Schoen/GI; 25, Herve06/GI; 26-27, Sebastian Kennerknecht/MP; 26 (LO), Tiffany/AS; 27 (LO), Steve Winter/NGIC; 28 (UP), Edwin Giesbers/NPL; 28 (LO), Javier Fernandez Sanchez/GI; 29 (UP), Ingo Arndt/MP; 29 (LO), Jason Edwards/NGIC; 30-31, Piotr Naskrecki/MP; 31, Mark Moffett/MP; 32 (UP), Robert Oelman/GI; 32 (LO), Peter Prokosch/Grid Arendal; 33 (UP), Morley Read/AL; 33, Nicky Bay; 34, ToniFlap/GI; 35 (UP), photocech/AS; 35 (LO), photocech/AS; 36 (UP), Carlos Grillo/AS; 36 (LO), tane-mahuta/GI; 37 (UP), Norbert Wu/MP; 37 (LO), Pulsar Imagens/AL; 38-39, Marcio Isensee e Sa/AS; 39 (UP RT), Rodrigo Costa Araujo/amazonmarmosets; 39 (LO RT), whitcomberd/AS; 40, Sue Cunningham/Worldwide Picture Library/AL; 41 (UP), Mike Mareen/AS; 41 (LO), Andres Pantoja/SOPA Images/GI; 42 (UP LE), Alex Hyde/NPL; 42 (UP RT), Avalon.red/AL; 42 (CTR LE), Pete Oxford/MP; 42 (CTR), pyty/AS; 42 (LO LE), bennytrapp/AS; 42 (LO RT), Pardofelis Photography/AL; 42-43, Gabrielle/AS; 43 (UP LE), guillaume regrain/GI; 43 (UP RT), Eric Isselee/AS; 43 (CTR), Doug Perrine/NPL; 43 (LO LE), Bence Mate/NPL; 43 (LO RT), wildarun/AS; 44 (UP LE), Glenn Bartley/MP; 44 (UP), asbtkb/AS; 44 (CTR LE), The Natural History Museum/AL; 44 (CTR), Mark/AS; 44 (CTR RT), Bruce Thomson/NPL; 44 (LO RT), Jeff Cremer; 44 (LO), DS light photography/AS; 45 (UP RT), Redmond Durrell/AL; 45 (UP LE), Pete Oxford/MP; 45 (CTR), Pete Oxford/MP; 45 (CTR LE), Raphael Sane/Biosphoto/AL; 45 (CTR RT), Robert Oelman/GI; 45 (LO LE), phototrip.cz/AS; 45 (LO RT), Eric Isselee/AS; 46 (UP), FG Trade/GI; 46 (CTR LE), Robert Harding Picture Library/NGIC; 46 (CTR RT), Neil Ever Osborne/NGIC; 46 (LO LE), Nick Garbutt/NPL; 46 (LO RT), rpbmedia/AS; 47 (UP LE), Herve06/GI; 47 (UP RT), photocech/AS; 47 (CTR LE), Javier Fernandez Sanchez/GI; 47 (CTR RT), Rodrigo Costa Araujo/amazonmarmosets; 47 (LO LE), Pulsar Imagens/AL; 47 (LO RT), whitcomberd/AS

이 책의 차례

1장 놀라운 세계, 아마존 열대 우림	4
2장 나무 위에 사는 동물들	10
3장 나무 그늘 밑 동물들	20
4장 아마존 숲을 구해 줘!	38
25가지 멋진 아마존 동물 지식	42
25가지 더 멋진 아마존 동물 지식	44
꼭 알아야 할 과학 용어	46
찾아보기	48

1장

놀라운 세계, 아마존 열대 우림

아마존은 지구의 그 어떤 곳보다 동물과 식물 종이 많이 살고 있는 거대한 보금자리야.

비가 내리고 있어. 빗방울이 나뭇잎을 타고 숲 바닥에 톡 굴러떨어져. 새들은 나무 꼭대기에서 서로를 부르며 지저귀네. 멀리서 원숭이가 펄쩍 뛰어오르고 나무가 이리저리 흔들려.

아마존 열대 우림은 남아메리카 대륙의 9개 나라에 걸쳐 있어. 이 드넓은 숲을 가로질러 아마존강이 흐르지. 이 강은 아프리카의 나일강과 함께 세계에서 가장 긴 강으로 손꼽혀.

전 세계에 알려진 생물 종 가운데 열에 하나는 아마존 열대 우림에 살고 있어.

땅에서는 크고 작은 동물들이 비를 피할 곳을 찾아다니고 있어. 여기는 바로 아마존 숲이야. 세계에서 가장 큰 **열대 우림**이란다!

열대 우림: 일 년 내내 덥고 비가 많이 내리는 지역에 있는 숲.

열대 우림은 높이에 따라 4개 층으로 나눌 수 있어. 숲 꼭대기의 가장 높은 층은 **돌출층**이라고 해. 이곳은 바람이 세게 불고 햇볕도 강하지. 새들은 이 층에서 나무 사이를 날아다니거나 높은 나뭇가지에 앉아 먹이를 찾아.

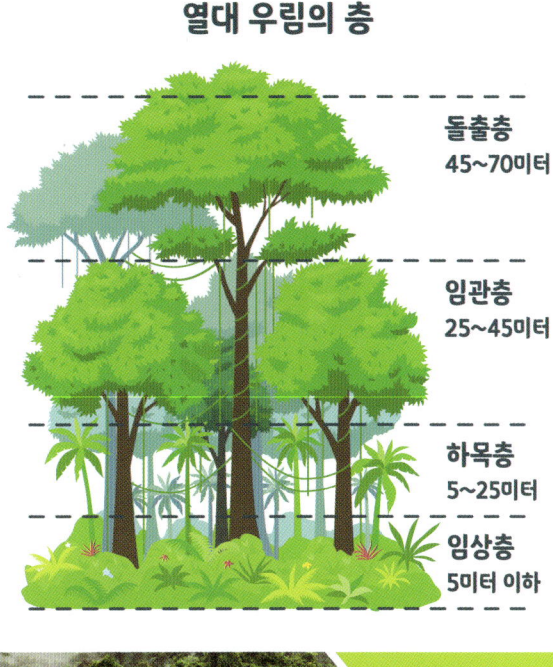

열대 우림의 층

돌출층
45~70미터

임관층
25~45미터

하목층
5~25미터

임상층
5미터 이하

나무들이 우뚝 솟은 돌출층

열대 우림의 많은 동물이 여러 층을 옮겨 다니면서 지내.

열대 우림에 사는 동물 대부분이 임관층에서 살아.

숲 위쪽 임관층의 풍경

돌출층 아래에 있는 **임관층**은 나뭇가지와 잎들로 빽빽해. 동물들이 몸을 숨기거나 나무 그늘 밑에서 쉬기에 딱 좋지. 원숭이와 나무에 사는 생물들이 먹이와 쉴 곳을 찾아 나뭇가지 사이를 폴짝폴짝 뛰어다녀.

털이 풍성한 양털원숭이

아마존나무보아는 먹잇감을 덮치려고 몸을 알파벳 S 자 모양으로 웅크린 채 기다려.

하목층에서 사냥 중인 아마존나무보아

임관층 밑에는 키 작은 나무와 다른 식물이 우거진 **하목층**이 있어. 재규어와 뱀은 무성한 잎 사이에 몸을 감춰. 피부가 마르면 숨을 쉬지 못하는 개구리와 도롱뇽은 이곳의 따뜻하고 습한 공기를 좋아해. 피부를 촉촉하게 지켜 주거든.

아마존 지역에 전해지는 옛이야기 속에서 거북은 꾀가 많고 지혜로운 동물로 나와.

Q 쥐가 네 마리 모이면? **A** 쥐포

임상층은 숲에서 가장 낮은 층이야. 떨어진 나뭇잎과 나무껍질, 잔가지가 땅을 덮고 있지. 또 작은 곤충부터 쥐, 카피바라 같은 **설치류**까지 온갖 동물로 북적대. 이 층에서는 땅을 가로지르며 강이 흘러. 동물들은 이 강에서 헤엄을 치거나 물가에서 목을 축이지.

카피바라는 물속에서 5분 동안 숨을 참을 수 있어.

임상층에 있는 물가

설치류: 쥐, 다람쥐, 비버 등 크고 튼튼한 이빨로 먹이를 갉아 먹는 동물.

2장

나무 위에 사는 동물들

금강앵무는 얼굴의 무늬가 저마다 달라서 얼굴로 각 앵무를 구별할 수 있어.

빨간 깃털이 화려한 금강앵무

아마존 열대 우림의
돌출층과 임관층은
새, 나무늘보,
원숭이 등 많은 동물의
보금자리야. 금강앵무는
나무 높은 곳에 둥지를 지어.

금강앵무는 알록달록한 깃털과
긴 **꽁지깃**을 뽐내. 넓적하고 끝이
뾰족한 날개 덕분에 숲의 높다란 나무 위로
미끄러지듯이 날 수 있지. 또 발 힘이 세서
나뭇가지를 꽉 쥐고
앉아 쉬거나 맛있는
열매를 쉽게 따 먹을
수 있어.

청금강앵무 한 쌍

금강앵무는
한 시간에
56킬로미터를
날아갈 수 있어. 자동차가
도로에서 달리는
속도랑 비슷하지.

히아신스금강앵무가
날개를 활짝 편
길이는 기타보다
훨씬 길어!

꽁지깃: 새의 꽁지에 달린 깃털.

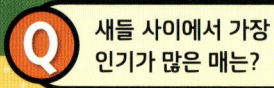

Q 새들 사이에서 가장 인기가 많은 매는? **A** 하마롱

새들은 숲의 모든 층에서 살아. 하지만 몸집이 클수록 위쪽인 돌출층이나 임관층에서 주로 지내.

뱀매: 겁이 나면 '와하하' 하는 소리를 내. 그래서 영어로는 '웃는 매'라고 부른대. 가장 좋아하는 먹이는 뱀인데, 주로 나무에서 사냥해.

하피독수리: 여성의 얼굴에 새의 몸을 한 그리스 신화 속 괴물 하피의 이름을 따왔어. 주로 임관층에서 나무늘보와 원숭이를 잡아먹어.

하피독수리의 발톱은 회색곰의 발톱만큼 커.

토코투칸: 큰부리새인 투칸 가운데 가장 큰 종이야. 밝은 주황색의 부리를 뽐내며 짝을 구하지.

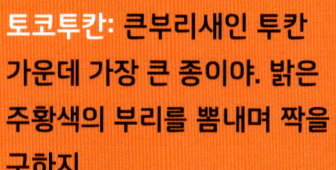

안경올빼미: 임관층에서 주로 밤에 사냥해. 귀 주변의 특별한 깃털이 귓속으로 소리를 잘 모아 주기 때문에 어둠 속에서도 먹잇감이 어디에 있는지 척척 알아차려.

왕대머리수리: 주로 임관층에서 날아다녀. 숲 바닥을 돌아다니면서 죽은 동물이나 다른 동물의 똥 등을 먹어 치우는 청소동물이기도 해.

왕대머리수리도 다른 독수리들처럼 날개를 한 번도 퍼덕이지 않고 몇 시간씩 날 수 있어.

나무늘보는 겨우 일주일에 한 번씩 오줌과 똥을 누려고 나무에서 내려와.

나무늘보는 하루 종일 임관층의 나무에서 가만히 쉬어. 비가 와도 피하지 않아서 털에 **조류**가 자란다니까! 여기서 조류는 새가 아니라 초록색 작은 생물이야. 나무늘보는 나뭇잎 사이에 매달려 있어도 조류 덕분에 눈에 잘 띄지 않아. 굶주린 재규어와 새한테서 몸을 숨길 수 있지.

호프만두발가락나무늘보 어미와 새끼

나무에서 나무늘보는 엄청 느릿느릿 움직여. 고작 수십 센티미터를 이동하는 데도 꼬박 1분이 걸리지. 그런데 물속에서는 땅에서 움직일 때보다 세 배나 빠르대!

조류: 강, 바다 등 물속이나 습기가 많은 곳에 사는 생물. 대부분 햇빛을 받아 스스로 영양분을 만든다.

나무늘보는 하루에 잠을 10~20시간씩 자.

나무늘보는 목이 마르면 나뭇잎에서 떨어지는 이슬을 받아 마셔.

목과 가슴의 털이 갈색빛인 갈색목세발가락나무늘보

와글와글 원숭이들의 생활

짖는원숭이가 우는 소리는 최대 5킬로미터 밖까지 울려 퍼져!

울부짖는 망토짖는원숭이

털이 주황빛인
볼리비아붉은짖는원숭이

느리고 조용한 나무늘보와 달리 짖는원숭이는 아주 활발한 편이야. 다른 동물들한테 자기가 주변에 있다는 걸 알리고 싶어 한다나? 짖는원숭이들은 보통 이른 새벽과 해 질 녘에 무리를 지어 함께 울어. 이 큰 울음소리는 다른 원숭이들에게 다가오지 말라고 알리는 신호야. 어떨 때는 **포식자**가 가까이에 있다고 경고하기 위해 울기도 하지.

짖는원숭이는 아마존에서 가장 시끄럽고, 제일 큰 원숭이야. 몸집이 큰 개만 하지. 긴 팔과 갈고리처럼 생긴 손으로 나무 사이를 휙휙 건너다녀.

짖는원숭이는 목에 있는 **특별한 기관** 덕분에 **우렁찬 소리**를 낼 수 있어.

주로 잎을 먹고 사는
망토짖는원숭이

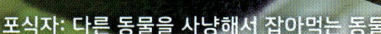

포식자: 다른 동물을 사냥해서 잡아먹는 동물.

아마존에는 크기가 다양한 원숭이들이 살아. 어떤 건 몸길이가 야구 방망이만큼 길고, 어떤 건 한 손에 쏙 들어올 만큼 작지.

꼬리감는원숭이: 장난치기를 좋아하는 이 녀석은 머리에 털모자를 쓴 것 같은 생김새가 특징이야. 암컷은 수컷의 관심을 끌려고 돌을 던지기도 한대.

꼬리감는원숭이는 영리해서 돌을 이용해 딱딱한 견과류 껍데기를 부술 수 있어.

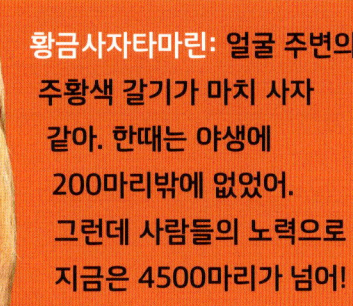

황금사자타마린: 얼굴 주변의 주황색 갈기가 마치 사자 같아. 한때는 야생에 200마리밖에 없었어. 그런데 사람들의 노력으로 지금은 4500마리가 넘어!

피그미마모셋: 아마존에서 가장 몸집이 작은 원숭이야. 몸길이가 겨우 15센티미터 정도래! 몸무게는 약 130그램으로, 사과 한 알보다 가벼워.

피그미마모셋 암컷은 대개 쌍둥이를 낳아.

거미원숭이: 가늘고 긴 팔과 힘센 꼬리로 나뭇가지를 휘감아 매달릴 수 있어. 나무에 거꾸로 대롱대롱 매달린 모습은 꼭 거미처럼 보여.

3장
나무 그늘 밑 동물들

흡혈박쥐는 다른 동물의 피를 먹고 살아.

다른 박쥐와 달리 흡혈박쥐는 날개와 두 발을 모두 써서 걷고, 달리고, 폴짝폴짝 뛸 수도 있어!

열대 우림의 하목층과 임상층은 축축하고 어두워. 박쥐는 낮 동안 하목층의 나무 구멍 속에서 꾸벅꾸벅 졸다가, 날이 어두워지면 먹이를 찾으러 밖으로 나와.

흡혈박쥐는 동물을 아주 살며시 물기 때문에, 동물이 자기가 물린 줄도 모른 채 잠에서 깨지 않기도 한대.

아마존에는 소나 돼지 등의 가축을 기르는 농장들이 있어. 흡혈박쥐는 밤마다 이 농장에 날아가 잠든 동물의 피를 실컷 마셔. 흡혈박쥐 코에는 열을 느끼는 기관이 있어서 동물의 피부밑에 있는 따뜻한 혈관을 쉽게 찾을 수 있거든. 또 작고 날카로운 이빨로 먹잇감을 아프지 않게 물 수 있단다!

흡혈박쥐는 동물 각자의 숨 쉬는 방식을 구별하는 능력이 있어. 이 방식을 기억해 두었다가, 한 번 피를 먹었던 동물을 다시 찾아가.

독화살개구리는 피부에서 독이 있는 끈끈한 물질이 스며 나와.

독화살개구리는 작고 알록달록해. 노란색, 주황색, 갈색, 빨간색, 초록색, 파란색, 검은색 등 여러 색깔을 띠지. 이렇게 눈에 잘 띄는 몸 색깔과 무늬로 다른 포식자한테 자기를 잡아먹지 말라고 경고하는 거야.

파란 색깔
청독화살개구리

독화살개구리는 독이 있는 개미나 딱정벌레를 잡아먹고 그 독을 자기 몸에 지녀.

붉은색 몸통과 점무늬가 딸기를 닮은 딸기독화살개구리

딸기독화살개구리의
실제 크기

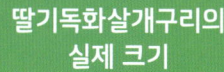

등에 검은색 줄이 있는
세줄무늬독화살개구리

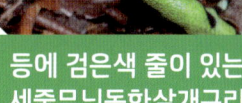

먼 옛날부터 콜롬비아에서 살아온 엠베라족은 황금독화살개구리의 독을 화살촉에 발라 사냥했대.

포식자가 이 경고를 알아차리지 못하면 독화살개구리한테 호되게 당해! 독화살개구리의 독은 이 개구리의 맛을 고약하게 만들고, 포식자의 몸을 **마비**시키거나 죽일 수도 있거든.

독화살개구리는 대부분 몸길이가 종이에 끼우는 클립 길이와 비슷해.

마비: 몸의 감각이 없어지고 힘을 제대로 쓰지 못하게 되는 일.

아구티는 숲 여기저기에 씨를 심어서 별명이 **정글의 정원사**야.

숲 바닥에 사는 많은 동물이 숲을 건강하게 지켜 줘. 어떤 동물들은 썩은 식물을 먹고 살아. 한편 동물들이 먹고 남긴 찌꺼기는 땅에 꼭 필요한 **영양분**이 되지.

영양분: 생물이 살아가고 자라나는 데 필요한 물질.

아구티는 숲에 새로운 식물이 자라도록 도움을 줘. 몸집이 토끼만 한 이 설치류는 먹이인 견과류나 씨앗을 모아서 땅속에 묻어 둬. 그런데 종종 먹이를 묻은 곳을 잊어버려서 그 견과류나 씨앗이 싹을 틔우지. 이 싹이 무럭무럭 자라 숲을 이루는 거야.

아구티는 1.8미터 높이까지 껑충 뛰어오를 수 있어.

아구티의 거친 털은 냄새가 고약하대. 또 물에 젖지 않는 기름진 액체로 덮여 있어.

아마존 정글의 왕은?

> 재규어는 사냥감을 한 번에 물어 죽일 수 있어.

재규어는 아마존에서 몸집이 가장 큰 포식자로 손꼽혀. 먹이를 가리지 않아서 작은 개구리부터 커다란 카이만악어까지 닥치는 대로 잡아먹지.

깜깜한 밤이 되면 재규어는 하목층의 나뭇가지에서 귀를 기울이며 먹잇감을 기다려. 먹이가 나타나면, 땅으로 뛰어내려 확 덮쳐 버리지! 그러고는 튼튼한 턱과 날카로운 이빨로 물어서 꼼짝 못 하게 해.

고대 남아메리카에는 재규어를 신으로 모시는 문화가 있었어.

재규어는 사자, 표범 등과 같이 고양잇과에 속해. 그런데 많은 고양잇과 동물들과 다르게 수영을 엄청 잘하지. 사냥감을 뒤쫓아 강을 건너기도 해!

재규어는 아메리카 대륙에서 가장 큰 고양잇과 동물이야.

재규어 몸에는 한가운데 점이 있는 무늬가 있어. 꼭 장미꽃처럼 보여서 영어로 장미 모양을 가리키는 로제트 무늬라고도 부르지. 이 무늬 덕분에 주변 환경에 감쪽같이 섞일 수 있어. 아마존 숲의 최고 포식자는 이렇게 몸을 숨겨 **위장**하고 다음 먹잇감이 나타나길 기다려.

재규어 몸의 무늬를 가까이에서 본 모습

위장: 주변 환경과 비슷하게 보이게 해서 몸을 숨기는 것.

그린아나콘다는 세계에서 가장 무거운 뱀이야.

그린아나콘다는 재규어를 잡아먹기도 해.

그린아나콘다도 조심해야 할 포식자야.
땅에서는 눈에 잘 띄지만, 물속에서는 몸의
무늬가 식물과 비슷해 보여서 알아보기가 어렵지.
그래서 물고기와 물가에 있는 **포유류**한테 몰래몰래
쉽게 다가가. 그린아나콘다는 입으로 먹잇감을 꽉
물고 온몸으로 칭칭 감아. 그러고는
먹이가 죽을 때까지 힘껏 조여
버리지!

포유류: 인간, 개, 호랑이 등 새끼를 낳아 젖을 먹여 기르는 동물.

아마존 숲의 곤충들

잎꾼개미는 자기 몸무게보다 50배나 무거운 나뭇잎을 나를 수 있어.

잎꾼개미는 무리 지어 다니면서 나뭇잎 조각을 보금자리로 가져가. 그런데 이 잎은 잎꾼개미의 먹이가 아니야. 잎꾼개미는 잎을 먹는 대신 이 잎으로 자기들의 먹이를 길러 내거든.

잎꾼개미는 톱니 모양의 턱을 1초에 1000번씩 떨어서 나뭇잎을 조각조각 잘라 내.

잎꾼개미들은 30미터 이상 길게 줄지어 이동해.

잎꾼개미는 모아 온 잎을 잘게 씹어 으깨서 **균류**한테 먹여. 이렇게 자란 균류는 영양분이 풍부한 물질을 만들어 내는데, 잎꾼개미 애벌레는 이걸 먹고 자라.

균류: 곰팡이, 버섯 등 다른 생물이나 썩은 물질에서 영양분을 얻어 살아가는 생물.

많은 곤충이 아마존 숲의 바닥과 그 주변에서 지내. 이곳 곤충들의 모습과 크기는 정말 다양하다고!

악어머리뿔매미: 머리의 무늬 때문에 꼭 파충류처럼 보여. 이 가짜 눈과 이빨 무늬는 포식자를 겁주어 쫓아내기 딱 좋다니까!

아마존 열대 우림 1제곱킬로미터 넓이 안에는 곤충 약 2만 종이 살고 있어.

자이언트점핑스틱: 훗, 이건 나뭇가지가 아니야. 나뭇가지로 위장한 메뚜기의 친척이란다! 튼튼한 뒷다리로 자기 몸길이의 10배나 멀리 뛸 수 있어.

침노린재: 먹잇감을 몰래 기다리다가 확 덮쳐서 '자객벌레'라는 별명이 있어. 다리로 먹이를 붙들고, 구부러진 긴 주둥이로 쿡 찔러서 잡아먹지.

과학자들은 아마존에 곤충이 약 250만 종이나 살고 있고, 그중 많은 종은 아직 발견되지 않았을 거래.

보석애벌레: 반짝거리는 보석처럼 보이지만 사실 온몸이 끈적이는 돌기로 덮여 있어. 이 돌기는 굶주린 포식자한테서 애벌레를 지켜 줘. 포식자가 무는 순간 돌기가 빠지면서 그 틈에 도망칠 수 있거든.

자객: 다른 사람의 부탁을 받아 누군가를 몰래 공격하는 사람. 남들 눈에 띄지 않게 숨어 다닌다.

무시무시한 물속 동물들

몸길이가 최대 5미터나 되는 검정카이만은 카이만악어 중에서도 가장 거대해.

아마존 숲속의 강에는 포식자들이 우글거려. 그중에서 검정카이만은 밤에 사냥해. 눈과 콧구멍만 물 밖으로 빼꼼 내놓은 채, 아주아주 조용히 헤엄쳐서 먹이한테 다가갈 수 있어.

왕수달은 귀여워 보이지만, 겉모습에 속으면 안 돼. 알고 보면 사나운 포식자거든. 늑대처럼 무리 지어 사냥을 해서 강의 늑대라고 불리기도 해. 왕수달은 하루에 물고기와 다른 동물을 많게는 4킬로그램까지 잡아먹어. 인간보다 두세 배나 더 많이 먹는 거야!

왕수달은 입 주위에 난 수염으로 물속에서 동물들의 움직임을 알아채. 고양이가 땅에서 다른 생물의 동작을 느끼는 방식과 비슷하지.

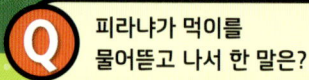 

Q 피라냐가 먹이를 물어뜯고 나서 한 말은? **A** 피 거기

물속에는 무엇이 숨어 있을까? 아마존강에는 무시무시한 물고기들이 헤엄쳐 다녀!

황소상어는 짠 바닷물에서도, 소금기가 없는 민물에서도 살 수 있어.

황소상어: 강에서 상어를 보는 일은 흔하지 않아. 하지만 황소상어는 아마존강에서도 살아. 이 상어는 먹잇감을 공격할 때 일단 황소처럼 들이받기부터 해. 물고기, 돌고래, 심지어 다른 상어까지 잡아먹는대.

어떤 피라냐는 개가 짖는 듯한 소리를 내서 다른 물고기들이 다가오지 못하게 경고해. 왈왈!

붉은배피라냐: 아마존강에 사는 약 20종의 피라냐 가운데 하나야. 칼날처럼 날카로운 이빨로 큰 물고기의 지느러미를 뜯어 먹고 살아.

전기뱀장어: 몸속 특별한 세포가 작은 배터리처럼 전기를 지니고 있어. 적을 만나거나 사냥감을 공격할 때 860볼트나 되는 강력한 전기를 일으킬 수 있대!

피라루쿠의 몸은 아주 특별해서 공기로도 숨을 쉴 수 있어. 그래서 물 밖에서도 24시간까지 버틸 수 있지.

피라루쿠: 세계에서 몸집이 가장 큰 민물고기 중 하나야. 다 자라면 몸길이가 1.8미터, 몸무게는 90킬로그램 정도 돼. 드물게 몸길이 4.5미터, 몸무게 200킬로그램까지 크기도 한대! 사냥할 때는 마치 진공청소기처럼 주둥이로 작은 물고기들을 빨아들여.

민물: 강이나 호수처럼 소금기가 없는 물.

4장

아마존 숲을 구해 줘!

아마존에서는 이틀에 한 번씩 새로운 동물과 식물 종이 발견되고 있어.

아마존은 놀랍고 새로운 것이 가득한 곳이야. 하지만 인간이 아마존을 망가뜨리고 있어. 사람들은 농사를 짓고 가축을 기르려고 숲을 태워서 땅을 **개간**해. 나무나 석유, 금속 등을 얻기 위해 숲을 함부로 해치기도 하지. 결국 동물들은 보금자리를 잃고, 아마존에서만 볼 수 있는 특별한 식물들도 사라지고 있단다.

열대 우림의 나무는 대개 가구와 건축 재료로 쓰여.

개간: 자연 상태의 땅을 논밭이나 인간이 이용할 수 있는 땅으로 바꾸는 일.

하지만 희망은 있어! 사람들이 점차 열대 우림과 그곳에 사는 동물들을 지키려고 애쓰고 있거든.

과학자들은 최근에 고양이처럼 가르랑거리는 티티원숭이를 발견했어.

2021년, 빠르게 파괴되던 아마존 숲의 어느 지역에 새로운 마모셋원숭이 종이 나타났어!

새로 발견된 슈나이더마모셋

기계로 나무를 베어 내고 불태워서 숲을 개간하는 모습

Q 우주에 지은 성은? **A** 금성운하늘유

이제는 아마존의 많은 지역에서 나무를 베어 내거나 숲을 해치지 못하게 법으로 막고 있어. 관리자는 인공위성으로 숲을 지켜보다가 숲이 파괴된 흔적이 보이면 재빨리 경찰에게 알리지. 농부들은 나무를 다시 심고 있어. 무엇보다 많은 사람들이 이 놀라운 숲에 대해 알아 가며 숲을 지키려고 목소리를 높이고 있어.

아마존 열대 우림의 **거의 절반이 보호받고 있어.**

브라질의 이 농장에서는 아마존 숲에 심으려고 다양한 나무와 식물을 기르고 있어.

인공위성이 큰불 때문에 연기가 자욱한 아마존 지역 위를 지나가고 있는 그림이야.

모두 함께
힘을 합친다면
아마존 열대 우림과 그곳을 보금자리로 삼은 신기한
동물들을 위험에서 구할 수 있어.

"아마존을 지켜요!"라고 적힌 팻말

1 몸길이가 겨우 2.5센티미터인 총알개미는 곤충 중에서 쏘이면 가장 아픈 침을 지녔어.

2 아라우거북들은 번갈아 가며 서로의 등딱지를 청소해 줘.

3 킨카주너구리는 벌집을 덮쳐서 꿀을 훔쳐 먹어.

4 토코투칸은 가장자리가 톱니처럼 생긴 부리로 오렌지나 무화과 같은 열매의 껍질을 벗겨 먹어.

5 붉은포투쏙독새는 갈색 몸을 앞뒤로 흔들어 바람에 날리는 마른 잎처럼 보이게 위장해.

6 유리개구리는 피부가 투명해서 몸속이 훤히 보여.

7 푸른모르포 나비가 날개를 펼친 길이는 축구공의 지름과 비슷해.

8 분홍발톱타란툴라는 포식자가 다가오면 날카로운 털을 흩날려서 자기를 지켜.

10 아마존왕지네는 생쥐, 도마뱀, 개구리, 박쥐를 먹고 살아.

12 고양잇과 동물인 마게이는 나무 위에서 땅을 향해 빠르게 내달릴 수 있어.

9 녹색이구아나는 이름과 달리 주황색, 파란색, 검은색을 띠기도 해.

11 녹색이구아나는 12미터 높이에서 떨어져도 죽지 않아!

25가지 멋진 아마존 동물 지식

13 큰개미핥기의 스파게티 면을 닮은 혀는 길이가 60센티미터나 돼.

14 호아친이라는 새는 새끼일 때 날개에 발톱이 달려 있어.

15 황제타마린원숭이는 곱슬한 긴 콧수염이 독일의 한 황제를 닮아 이름에 '황제'가 붙었어.

16 남아메리카맥은 다른 맥과 달리 짧고 뻣뻣한 털이 목덜미를 따라 갈기처럼 자라.

17 아마존매너티는 아마존강에 사는 가장 큰 포유류야. 몸무게가 무려 450킬로그램이나 돼.

18 원숭이의 한 종류인 대머리우아카리는 얼굴이 아주 새빨개!

19

20 짖는원숭이의 울음소리는 울부짖거나 개가 짖는 소리처럼 들려.

바실리스크이구아나는 뛰어서 물을 건널 수 있어.

21 큰아르마딜로는 몸무게가 45킬로그램도 넘어. 새끼 하마만큼 무거워!

22 황금앵무들은 다 같이 모여서 새끼를 키워.

23 다람쥐원숭이는 옆으로 최대 1.8미터를 폴짝 뛸 수 있어.

24 새끼 맥은 숲속에서 몸을 숨기기에 알맞은 줄무늬와 반점을 지녔어.

25 아마존강돌고래는 분홍색으로 보이기도 해.

1. 금강앵무는 몸에 꼭 필요한 소금을 얻으려고 페루의 절벽에 모여 진흙을 핥아.

2. 골리앗새잡이거미 암컷은 짝짓기 후에 수컷을 잡아먹기도 해.

3. 에메랄드나무보아는 태어날 때는 몸이 빨강이나 갈색이다가 몇 달 뒤 녹색이 돼.

4. 나무늘보 털에 사는 곰팡이가 암 치료에 도움이 될 수도 있대.

5. 피파개구리는 등의 피부 속에 알을 품어서 부화시켜.

6. 맥은 근육질의 코로 잎을 잡아당길 수 있어. 물에서는 코를 마치 스노클처럼 이용하지.

7. 타이탄하늘소의 몸은 칫솔만큼 길게 자랄 수 있어.

8. 흰얼굴사키원숭이는 한 번에 9미터나 멀리 뛸 수 있어.

9. 열대 우림 바닥에 사는 반딧불이의 애벌레는 몸에 환한 빛을 밝혀서 먹이를 꾀어내.

10. 아마존밀크개구리라는 이름은 피부에서 배어 나오는 희고 끈적이는 물질 때문에 지어졌어.

11. 붉은아쿠치는 설치류의 한 종류인데, 수컷은 암컷에게 잘 보이려고 높은 소리를 내.

12. 나무늘보는 식사 한 끼를 소화하는 데 며칠씩 걸려.

25가지 더 멋진 아마존 동물 지식

부화: 동물의 새끼가 알을 깨고 나오는 것.
스노클: 잠수하는 동안 긴 관을 입에 물고 물 밖으로 내밀어 숨을 쉴 수 있게 하는 도구.

13 너구리처럼 생긴 남아메리카 코아티는 먹이를 찾으려고 긴 주둥이로 낙엽과 돌을 파헤쳐.

14 오실롯은 사냥 후 먹이를 먹기 전에 깃털이나 털을 다 뽑아내.

15 브라질세띠아르마딜로는 자기 몸을 공처럼 둥글게 말 수 있어. 아르마딜로 중 두 종만 이런 재주가 있어.

16

17 아마존에 사는 포유류는 대부분 박쥐나 설치류야.

카피바라는 세상에서 몸집이 가장 큰 설치류야. 덩치가 커다란 개만 해.

18 올빼미원숭이는 보름달이 뜬 밤에 더 많이 움직인대.

19 새 마나킨은 짝의 관심을 끌려고 뒤로 미끄러지듯이 빠르게 걷는 춤을 춘단다.

20 여치는 아마존 숲의 나뭇잎 모양을 흉내 내서 포식자의 눈을 피해.

21 피에라투명뱀눈나비는 날개가 투명해.

22 부채머리산적딱새는 적이 다가오면 머리의 깃털을 부채처럼 펼쳐서 머리를 좌우로 흔들어.

23 브라질 떠돌이거미는 세계에서 가장 강한 독을 지닌 거미로 손꼽혀.

24 안데스바위새 수컷은 새끼 돼지의 비명 같은 꽥꽥거리는 소리를 내.

25 헤라클레스장수투구벌레는 자기 몸무게의 100배나 되는 무게를 나를 수 있어.

45

꼭 알아야 할 과학 용어

열대 우림: 일 년 내내 덥고 비가 많이 내리는 지역에 있는 숲.

돌출층: 숲 꼭대기의 가장 높은 층.

임관층: 돌출층 밑의 나뭇가지와 나뭇잎이 빽빽한 층.

하목층: 임관층 아래의 키 작은 나무와 다른 식물이 우거진 층.

임상층: 숲의 땅바닥과 가까운 가장 낮은 층.

설치류: 쥐, 비버 등 크고 튼튼한 이빨로 먹이를 갉아 먹는 동물.

포식자: 다른 동물을 사냥해서 잡아먹는 동물.

위장: 주변 환경과 비슷하게 보이게 해서 몸을 숨기는 것.

포유류: 인간, 개, 호랑이 등 새끼를 낳아 젖을 먹여 기르는 동물.

민물: 강이나 호수처럼 소금기가 없는 물.

개간: 자연 상태의 땅을 인간이 이용할 수 있는 땅으로 바꾸는 일.

찾아보기

ㄱ
거미원숭이 19
검정카이만 34
그린아나콘다 29
금강앵무 10, 11, 44
꼬리감는원숭이 18
꽁지깃 11

ㄴ
나무늘보 11, 12, 14, 15, 17, 44

ㄷ
독화살개구리 22, 23
돌출층 6, 7, 11, 12

ㅁ
민물 36, 37

ㅂ
뱀매 12
보석애벌레 33
부화 44
붉은배피라냐 36

ㅅ
설치류 9, 25, 44, 45

ㅇ
아구티 24, 25
아마존강 5, 36, 43
아마존나무보아 8
악어머리뿔매미 32
안경올빼미 13
열대 우림 4-7, 11, 20, 32, 38-41, 44
영양분 24, 31
왕대머리수리 13
왕수달 35
위장 28, 32, 42
임관층 6-8, 11-14
임상층 6, 9, 20
잎꾼개미 30, 31

ㅈ
자이언트점핑스틱 32
재규어 8, 14, 26-29
전기뱀장어 37
짖는원숭이 16, 17, 43

ㅊ
침노린재 33

ㅋ
카피바라 9, 45

ㅌ
토코투칸 13, 42

ㅍ
포식자 17, 22, 23, 26, 28, 29, 32-35, 42, 45
포유류 29, 43, 45
피그미마모셋 19
피라루쿠 37

ㅎ
하목층 6, 8, 20, 26
하피독수리 12
황금사자타마린 18
황소상어 36
흡혈박쥐 20, 21